NOTICE

SUR LA

CARRIÈRE MARITIME,

ADMINISTRATIVE ET SCIENTIFIQUE

DU

VICE-AMIRAL DE JONQUIÈRES,

GRAND OFFICIER DE LA LÉGION D'HONNEUR,
DIRECTEUR GÉNÉRAL DU DÉPÔT DES CARTES ET PLANS DE LA MARINE,
VICE-PRÉSIDENT DE LA COMMISSION DES PHARES, MEMBRE DE LA COMMISSION DE L'OBSERVATOIRE.

PARIS,

GAUTHIER-VILLARS, IMPRIMEUR-LIBRAIRE

DE L'ÉCOLE POLYTECHNIQUE, DU BUREAU DES LONGITUDES,

SUCCESSEUR DE MALLET-BACHELIER,

Quai des Augustins, 55.

1883

NOTICE

SUR LA

CARRIÈRE MARITIME,

ADMINISTRATIVE ET SCIENTIFIQUE

DU

VICE-AMIRAL DE JONQUIÈRES,

GRAND OFFICIER DE LA LÉGION D'HONNEUR,
DIRECTEUR GÉNÉRAL DU DÉPOT DES CARTES ET PLANS DE LA MARINE,
VICE-PRÉSIDENT DE LA COMMISSION DES PHARES, MEMBRE DE LA COMMISSION DE L'OBSERVATOIRE.

PARIS,

GAUTHIER-VILLARS, IMPRIMEUR-LIBRAIRE

DE L'ÉCOLE POLYTECHNIQUE, DU BUREAU DES LONGITUDES.

SUCCESSEUR DE MALLET-BACHELIER,

Quai des Augustins, 55.

—

1883

NOTICE

SUR LA

CARRIÈRE MARITIME,

ADMINISTRATIVE ET SCIENTIFIQUE

DU

Vice-Amiral DE JONQUIÈRES.

Les titres qui peuvent recommander ma candidature pour la place vacante de Membre libre de l'Académie des Sciences sont de trois sortes :

Professionnels,

Administratifs,

Scientifiques.

J'en vais esquisser le tableau, en m'arrêtant de préférence aux détails qui ont un rapport plus ou moins direct avec l'objet de la présente Notice.

Ma carrière maritime a été très active. Sur les quarante-quatre années écoulées depuis mon entrée à l'École navale, en 1835, jusqu'à ma nomination au grade de vice-amiral, en 1879, j'en ai passé trente-six à la mer.

Les débuts de cette navigation presque incessante furent, à plusieurs égards, doux et privilégiés. La corvette *la Perle*, sur laquelle on m'embarqua à ma sortie du vaisseau-école *l'Orion*, avait pour mission de surveiller la côte d'Italie, depuis la frontière de France jusqu'à Civita-Vecchia, et de s'opposer éventuellement à l'expédition, par navires de commerce français, d'armes et de munitions de guerre destinées aux belligérants carlistes des provinces septentrionales de l'Espagne. A cette époque, où nous trouvions chez nos voisins, avec l'usage très répandu de notre langue, les sentiments d'amitié internationale les plus chaleureux, c'était une bonne fortune, pour un jeune aspirant, que de fréquenter des côtes où le marin avait de nombreuses sources d'instruction dans l'activité maritime de ports tels que Gênes et Livourne; où l'ami des Arts rencontrait à Gênes et, par échappées, à Pise, à Florence, à Rome, tant d'objets propres à frapper son imagination et à former son goût.

Cette campagne pleine d'intérêt, que les exigences du service empêchaient d'ailleurs de dégénérer pour l'aspirant en une villégiature amollissante, ne dura que quelques mois, et la *Perle* fut envoyée dans les eaux de la Plata. Un conflit, d'autant plus ardent que la véritable cause en était plus intime et personnelle, venait de surgir entre le représentant de la France à Buenos-Ayres et le Président de la République Argentine, et s'y compliquait d'une explosion d'hostilités entre cet État et la République orientale, telle qu'il s'en produisait alors dans ces contrées avec la régularité et la soudaineté des *pamperos* qui les désolent. Une division navale française y était rassemblée et le littoral mis en état de blocus.

Pour la première fois, m'éloignant véritablement des côtes, je trouvais, en plein océan Atlantique, l'occasion de faire utilement usage du cercle d'honneur qui m'avait été décerné à ma sortie de l'École de Brest.

L'Astronomie a généralement le don de captiver l'officier de marine. Non seulement elle lui rend des services quotidiens, mais encore, sur l'élément perpétuellement changeant où s'écoule sa vie, elle le rappelle au sentiment de l'immuable par le commerce dans lequel elle le fait vivre avec les grandes lois de la nature qu'elle résume. Je ne fus pas rebelle à ce double attrait. Non content de me livrer chaque jour aux applications de cette science que réclament les besoins ordinaires de la navigation, je portai des regards curieux sur ses autres branches moins usuelles. Aussi lorsqu'il m'arrive aujourd'hui de feuilleter le vieil exemplaire du livre où Delambre a pratiquement exposé ces lois, j'y retrouve, avec l'intérêt complaisant qu'on a pour les travaux de ses jeunes années, les notes explicatives dont j'ai souvent couvert les pages. Je ne soupçonnais point alors que la théorie des passages de Vénus, développée par l'auteur dans un chapitre où il discute les observations de 1761 et de 1769, deviendrait, 36 et 44 ans plus tard, un titre d'honneur pour quelques-uns de mes compagnons d'armes, et notamment contribuerait à faire placer sous la haute direction de l'un d'eux le grand service national qui avait eu pour chef l'astronome célèbre dont j'étudiais les formules.

Grâce au perfectionnement des méthodes, des instruments et des données réunies dans la *Connaissance des Temps*, l'Astronomie nautique a fait de grands progrès depuis l'époque éloignée dont je parle, où il y avait encore des marins pour qui le transport exact du temps par les chronomètres n'était qu'une chimère. Les observations du Soleil, parfois celles de la Lune, étaient les seules dont on fît usage pour rectifier *l'estime* de la route. Toutefois quelques officiers commençaient à se dégager de ces lisières trop étroites. La netteté extrême avec laquelle étaient gradués les premiers cercles à réflexion de Gambey, notamment celui (n° 26) qui m'était échu en don, m'encouragea à mettre aussi les étoiles à contribution et à tirer parti des observations de nuit, que la facilité de la lecture sur le limbe de cet instrument rendait aisément praticables.

La première partie de la traversée, depuis Toulon jusqu'à Rio-de-Janeiro, fut longue. On ignorait alors que, pour abréger la route des navires à voiles, en évitant autant que possible les calmes équatoriaux, on doit couper la ligne vers le 30° degré de longitude; ou plutôt ce secret, que commencèrent à divulguer plus tard les relations de voyages des *clippers*, était encore le privilège presque exclusif des bricks anglais qui faisaient, avec une régularité bien remarquable pour l'époque, le service postal entre Liverpool et Montevideo. Conformément aux « Instructions » qui avaient cours en 1838, la *Perle* traversa l'équateur par le 20° degré, et rencontra dans cette zone une série de vents de sud-ouest assez frais qui, l'obligeant à louvoyer, retardèrent sa marche pendant plus de dix jours. Aujourd'hui, grâce aux travaux de Maury, à ceux récents de M. Brault dont l'Académie a apprécié le mérite, et aux instructions qui en découlent, de tels mécomptes ne sont plus à craindre dans l'Atlantique, ni dans la navigation des autres océans. On pourrait citer de grandes traversées, telles que celles du Texel aux Indes néerlandaises, où des navires à voiles, faisant route par le cap de Bonne-Espérance, soutiennent, sans désavantage trop marqué, au point de vue de la durée, la concurrence avec les lignes postales de paquebots à vapeur.

L'état de blocus et de guerre dans la Plata dura plus de deux ans, et c'est seulement en 1840, après qu'eurent été acceptées par Rosas, notre tenace adversaire, les conditions que le vice-amiral baron de Mackau vint lui dicter, que la *Perle* reprit le chemin de la France, en passant par la Martinique. Cette route détournée était imposée par la prudence, en vue des complications politiques dont l'Europe était alors menacée et qui pouvaient, d'un jour à l'autre, nécessiter une concentration de forces navales dans la mer des Antilles.

La guerre ayant été évitée, je fus embarqué successivement sur la *Vénus*, frégate-école de canonnage, puis sur le vaisseau à trois ponts *l'Océan*, qui portait le pavillon du vice-amiral baron Hugon, commandant en chef l'escadre de la Méditerranée. Quelle école pour un jeune enseigne de vaisseau, et quel spectacle, que cette belle escadre de douze vaisseaux de ligne et de trois frégates, bel héritage de l'amiral Lalande, où l'on ne saurait dire ce qu'il fallait le plus admirer, de la tenue militaire des navires, de l'entrain discipliné des équipages, de l'ardeur des officiers, ou de la précision des manœuvres dans les évolutions! Les rapides acquisitions de la science mécanique et de l'industrie n'ont déjà presque rien laissé subsister de ce passé imposant. Types de navires, formes de carène, mode de propulsion, moyens d'attaque et de défense, tactique navale, tout a été transformé en quelques années. Bientôt le souvenir de cette marine à voiles, si poétique, si propre surtout à former des hommes de mer par le concours incessant et vigoureux qu'elle exige de chacun d'eux, serait lui-même effacé, si l'un des amiraux que l'Académie compte parmi ses membres, et dont l'ardeur, qui semble croître avec les années, pourrait servir d'exemple à beaucoup de jeunes gens, ne consacrait son temps, ses efforts, et jusqu'à sa bourse, à la faire revivre dans notre musée du Louvre et nos bibliothèques, par ses patientes recherches et ses savantes ou artistiques publications. Au moment dont je parle, il venait de seconder Dumont d'Urville dans ses audacieuses explorations de l'océan Austral, et je suis amené d'autant plus naturellement à rappeler ce fait, que bientôt après, en 1843, ce fut précisément sur la *Zélée*, l'une des deux corvettes qui avaient accompli cette mission scientifique, que je me trouvai embarqué. La *Zélée* se rendait à la station de Madagascar, dont le nom rappelle si tristement, à l'heure présente, que la Marine vient d'y voir hâter la fin de l'un de ses plus habiles, savants et énergiques officiers généraux.

La géographie de ces contrées, que les travaux du commandant Jéhenne venaient de perfectionner dans quelques parties plus particulièrement fréquentées par nos bâtiments de guerre, n'était pas encore définitivement arrêtée. Je pus donc, avec l'espoir de me rendre utile, m'y livrer à de nombreuses déterminations de latitude et de longitude, consultées plus tard par les ingénieurs hydrographes chargés de la revision des cartes de ces parages.

A peine étais-je de retour de cette campagne (1845), qu'intervint, entre la France et l'Angleterre, à propos de la fameuse question du « droit de visite », le traité par lequel la France s'engageait à entretenir vingt-six navires sur la côte occidentale d'Afrique, depuis les iles de Los jusqu'à Saint-Paul de Loanda, pour y concourir à la surveillance des navires soupçonnés de faire le commerce des esclaves. Au brick *le Bougainville*, sur lequel je fus embarqué, échut la surveillance de la « côte des Graines », de Sierra-Leone au cap des Palmes. De telles *croisières*, sur des côtes inhospitalières, où l'on ne rencontre à peu près nul vestige de la vie civilisée, sont bien propres, par les loisirs nombreux qu'elles créent au marin, à développer chez eux le goût du travail, et particulièrement celui des études abstraites qui permettent, mieux que les sciences appliquées, de réduire au moindre volume possible la bibliothèque dont chacun à bord dispose, à la condition expresse qu'il l'ait emportée de France avec lui. Je possédais quelques ouvrages didactiques de Poisson et de Poinsot. J'eus la curiosité de les étudier, et, parmi les satisfactions que j'y ai rencontrées, je me garderai d'omettre les témoignages d'estime que le second de ces illustres géomètres voulut bien m'accorder quelques années après, à la suite d'un échange de communications que la *Théorie nouvelle de la rotation des corps* m'avait permis d'entamer.

Puisque je suis conduit à parler de ces parages monotones où j'ai immobilisé deux années de ma vie, je citerai deux faits caractéristiques, dont sont frappés tous les marins qui les fréquentent pour la première fois, et qui intéressent la Géographie générale et la Météorologie.

L'un est la persistance ininterrompue de brisants souvent redoutables, dont les volutes interdisent l'accès du rivage aux canots européens et ne peuvent être franchis impunément que par des pirogues spéciales, habilement manœuvrées par les naturels; l'autre consiste dans la transparence extraordinaire dont l'atmosphère est douée à l'époque où le Soleil passe pour la seconde fois chaque année au zénith de cette contrée.

Le premier de ces deux phénomènes se produit, avec les mêmes caractères et d'une façon aussi intense, sur la côte occidentale d'Amérique. Il est causé, presque exclusivement, par la grande houle que soulèvent, à plusieurs centaines de lieues de distance, les tempêtes à peu près incessantes de l'océan Austral, et qui se propage, à travers l'océan Pacifique et l'océan Atlantique, jusque sur les côtes du Mexique et du Maroc.

Le second se remarque à la suite des orages, aussi remarquables par leur violence que par le luxe prodigieux d'électricité qu'ils déploient, désignés par les premiers navigateurs sous le nom de *tornados*. Alors, quand la nature, après avoir été violemment bouleversée pendant deux heures, a repris, pour un jour et quelquefois deux, le calme dont, en dehors de ces commotions, elle jouit en cette saison, l'air devient d'une translucidité qu'on ne rencontre, ni dans l'archipel des îles de la Grèce, ni même sur les côtes de la Syrie, si justement renommées sous ce rapport. Pendant la nuit, les étoiles, la voie lactée, la lumière zodiacale, brillent d'un éclat extraordinaire; les nébuleuses mêmes sont apparentes, et la voûte du ciel se prêterait admirablement aux recherches les plus délicates des astronomes, s'ils pouvaient y transporter leurs puissants instruments. Pendant le jour, les objets éloignés se distinguent alors avec une netteté rare, dont je citerai un exemple. Un jour, vers 10^h du matin, nous quittâmes le mouillage du cap de Monte pour nous transporter à celui de Monrovia, colonie américaine, située à 39,5 milles de distance. Au fur et à mesure que nous nous éloignions de notre point de départ, le cap de Monte descendait sous l'horizon et finit par ne plus laisser voir que la masse d'arbres qui domine son sommet. Une fois l'ancre jetée devant Monrovia, la cime de ces arbres se distinguait encore très nettement, à la vue simple, de dessus la dunette du brick, apparaissant ou disparaissant selon les mouvements de tangage qui accroissaient ou diminuaient la portée du rayon visuel. Ainsi, à 73^{km} de distance, un objet d'une nuance si peu claire, situé à l'extrême limite assignée par la courbure de la Terre, se montrait encore assez nettement à l'horizon pour qu'on pût le relever à la boussole.

Les événements de 1848 me trouvèrent en France, jouissant dans ma famille d'un congé bien acheté par tant de pérégrinations lointaines. L'année suivante, la constitution du Conseil d'amirauté ayant été modifiée, je fus appelé par le vice-amiral Casy, Ministre de la Marine, à en faire partie comme lieutenant de vaisseau. Je m'efforçai de justifier le grand honneur qui m'était fait, en apportant toute mon application à l'étude des questions déférées à l'examen de cette haute assemblée. L'une des plus intéressantes fut celle de l'adaptation de l'éperon à la proue des navires de guerre.

Proposé, dès 1840, par le capitaine Labrousse (plus tard vice-amiral), apprécié dès l'origine par les amiraux Lalande et Duperré, recommandé par une Commission spéciale, patronné par M. Tupinier, directeur du matériel, enfin par le prince de Joinville qui s'y intéressa vivement, et adopté en principe par l'amiral Roussin, Ministre de la Marine, ce projet, qui, pour être réalisé, comportait l'adoption de plusieurs innovations importantes, donna lieu à une série d'expériences préalables, dont l'exécution occupa les années 1862 à 1868. Quand les détails secondaires eurent été élucidés de la sorte et les difficultés qu'on pouvait prévoir écartées, le capitaine Labrousse put rectifier son premier programme et lui donner une forme définitive et pratique. Tel qu'il se présentait au Conseil d'amirauté en 1849, il consistait à transformer un vaisseau de 100 canons en vaisseau à vapeur à éperon, en lui conservant son artillerie, sa mâture et sa provision de vivres, et lui assurant, par une machine de 1000 chevaux, une vitesse en eau calme de neuf nœuds avec sept jours de charbon.

Désigné comme rapporteur et chargé de soutenir la discussion devant le Conseil, j'eus la satisfaction de voir le projet adopté à une grande majorité, en dépit des préventions qu'avaient fait naître quelques-unes des propositions, si nouvelles et en apparence si hasardeuses, de l'auteur, et qu'il fallut défendre pied à pied. Toutefois l'heure de la réalisation ne devait pas encore sonner. Les initiatives hardies ne font pas toujours un rapide chemin dans notre pays; mais du moins la route était nettement tracée. Plus tard, lorsque l'immense succès du *Napoléon* aura victorieusement démontré, à la face des flottes alliées réunies aux Dardanelles, la possibilité pratique du vaisseau à vapeur rapide; lorsque, sur l'incitation de conseillers habiles et prévoyants, la volonté du chef de l'État aura introduit la cuirasse dans le système défensif des navires de guerre, lorsqu'enfin le retentissement des coups de bélier du *Monitor* d'Ericsson contre la frégate *le Merrimac* aura fait tomber les préventions les plus tenaces, nous verrons apparaître dans notre marine les premiers cuirassés *à éperon* (*Solferino* et *Magenta*) qui aient flotté sur les mers.

Les premiers mois de l'année 1850 mirent fin à mes fonctions sédentaires. Embarqué dans l'escadre d'évolutions, d'abord sur le vaisseau *l'Inflexible*, puis sur la frégate à vapeur *le Magellan*, je ne tardai pas à faire définitivement partie de l'état-major du vaisseau *l'Iéna*, où je pris part, durant toute la belle saison, aux nombreuses évolutions navales que le vice-amiral Parseval-Duchênes, s'appliquant à passer en revue toute la tactique alors en vigueur, nous fit exécuter dans les parages du cap Saint-Vincent. Certaines observations techniques, que j'eus occasion de recueillir à ce sujet, ayant paru intéressantes au commandant en chef, le Mémoire où je les avais rassemblées fut adressé par lui au Ministre, approuvé par le Conseil d'amirauté et publié aux frais de l'État.

Bientôt après, vers la fin de 1851, le vice-amiral baron de la Susse, désigné pour prendre la succession de M. de Parseval, me choisit pour son aide de camp, à bord du vaisseau à trois ponts *la Ville de Paris* où il arborait son pavillon. Sous son commandement, les questions relatives à l'artillerie furent particulièrement à l'ordre du jour. Deux d'entre elles, dont les Anglais commençaient à s'occuper de leur côté, attirèrent mon attention. Je veux parler du *pointage préparé* et du *tir horizontal*. Quelques explications sont ici nécessaires. J'en prendrai les éléments dans le Mémoire que, je rédigeai en 1852 et que les *Nouvelles Annales de la Marine* ont reproduit en 1853.

Le procédé de pointage dont il s'agit n'a rien d'exclusif. Il est évident que, si l'on voit bien le but, si l'on en connaît la distance avec une exactitude suffisante, et si l'objet à battre est de dimensions assez restreintes pour que le tir exige de la précision, la direction doit être donnée au canon par le pointeur à l'aide de la ligne de mire que fournit la *hausse*.

Mais cette ligne de mire est le plus souvent fort difficile à distinguer pendant la nuit. Le but lui-même peut-être soustrait aux regards du pointeur, même pendant le jour, soit par la fumée qui enveloppe le navire pendant le combat, soit par d'autres circonstances. Enfin le capitaine peut avoir intérêt, pour faire réussir son plan d'attaque, à *préparer* à l'avance le pointage de tous ses canons, sous un certain angle de projection et dans une direction, même convergente, déterminée par rapport à la quille de son bâtiment, afin d'être en mesure de commencer un feu nourri, ou même de lancer une bordée décisive, dès qu'un mouvement prévu, de giration, de translation ou des deux réunis, aura amené l'ennemi dans la direction prévue pour laquelle les pièces ont été pointées. C'est ce que fit, par exemple, en 1810, le capitaine Bouvet dans son combat contre l'*Africaine*, avec un tel succès qu'au bout de quelques minutes cette frégate, mieux armée pourtant que la sienne, amenait son pavillon.

En voici un autre exemple, tiré de l'histoire de Duguay-Trouin.

« Le 20 septembre 1711, Duguay-Trouin, voyant la brèche ouverte, résolut de pénétrer dans la place de Rio-Janeiro, le lendemain à la pointe du jour. Ses ordres furent donnés en conséquence, les dispositions prises, et l'on attendit la nuit en groupant les troupes selon les intentions du général.

» Le soir, le ciel était sombre; les montagnes s'enveloppèrent d'épais nuages, les vents de sud-ouest se mirent à souffler. Tout fit présumer que les projets du général s'accompliraient à la faveur d'une obscurité profonde. L'aspect du temps porta Duguay-Trouin à ordonner aux vaisseaux et aux batteries *de bien pointer avant la nuit*. Cette sage précaution ne fut pas perdue, et quand l'ennemi, apercevant, à la lueur d'un éclair, les chaloupes qui portaient les troupes de débarquement aux points convenus, commença le feu sur elles, Duguay-Trouin put donner le signal d'une bordée générale. Aussitôt la rade entière s'illumina du feu de l'artillerie française ». (*Histoire de Duguay-Trouin.*)

On voit, par l'exemple de ce qui s'est passé pendant cette nuit mémorable, une preuve de l'utilité du pointage préparé. Sans doute il ne s'agissait pas là d'un but de peu d'étendue, et l'exécution des ordres de Duguay-Trouin put être complète, sans qu'un seul de ses vaisseaux peut-être eût, pour guider le pointage de ses canons, d'autre ressource que la simple *remarque* faite avant la nuit. Mais, au lieu d'avoir une grande ville à incendier, le général eût pu vouloir détruire une forteresse, et, dans ce cas, des moyens plus précis devenaient nécessaires. Cette supposition, qui ne fait que limiter la question, ne change donc rien à la conclusion qu'il convient de tirer du récit du plus beau fait d'armes de ce grand homme de mer.

La question du pointage préparé se lie intimement avec celle du tir horizontal. On conçoit en effet que, quand deux adversaires (il s'agit particulièrement ici des navires à voiles, tels qu'ils existaient presque seuls à l'époque où mon Mémoire fut écrit), cessant de manœuvrer, en viennent franchement à un combat de près, il n'est plus nécessaire de déterminer l'inclinaison à donner à l'axe des pièces, suivant la distance qui les sépare. Dans ce cas, c'est la précision et la rapidité du tir horizontal qui doivent décider le succès de l'affaire; car il importe peu que les bâtiments soient frappés par des coups de plein fouet, ou atteints par les premiers ricochets des projectiles. Ce qu'il faut, c'est d'avoir les meilleurs moyens de donner promptement à l'axe des pièces cette position horizontale, quelle que soit la bande du navire.

Les instruments très simples dont je proposais l'usage remplissaient cette condition, aussi bien d'ailleurs que pour le tir préparé sous une inclinaison quelconque; mais il restait à prouver que le tir ne cesserait pas d'être efficace, dans des limites suffisamment étendues, même si les boulets, au lieu d'arriver de plein fouet, frappaient d'abord la surface de la mer, sur laquelle on sait qu'ils ricochent plus facilement encore, et surtout plus régulièrement que sur la terre. Il n'existait, à ma connaissance, ni calculs, ni expériences à ce sujet. Il fallut aborder directement le problème. On trouvera, dans la note C du Mémoire précité et dans son annexe, une analyse théorique à l'aide de laquelle je pus dresser des tables de ricochet dont l'exactitude fut vérifiée par les tirs de l'escadre en rade d'Hyères, dans la mesure que pouvait réclamer la pratique la plus exigeante.

Aujourd'hui que les projectiles sphériques, sur l'emploi desquels roulait cette théorie, ont disparu pour faire place aux projectiles cylindriques ou ogivaux, le ricochet est si capricieux et produit, en général, des bonds si relevés, qu'il n'y a plus guère de parti utile à en tirer. Mais, à l'époque dont je parle, le sujet était d'une grave importance; c'est en employant des méthodes analogues à celles dont je préconisais l'usage que, plus tard, la flotte autrichienne paraît avoir dirigé ses feux de bordée pendant le combat de Lissa.

Je quittai l'escadre lorsque l'amiral de la Susse eut achevé l'exercice de son commandement. La guerre contre la Russie éclatait alors, et je fus embarqué sur le vaisseau *le Trident*, dans la Baltique, puis dans la mer Noire, et enfin pourvu du commandement d'une canonnière dans l'escadre de la Baltique, sous les ordres des amiraux Parseval et Penaud. On connaît assez la part importante prise par la Marine à toutes les opérations de cette campagne, pour qu'il soit utile de m'y arrêter.

Les années 1856, 1857 me trouvent embarqué sur le vaisseau à vapeur *l'Arcole*, comme lieutenant de vaisseau. En 1856, j'accompagnai le capitaine de vaisseau de la Roncière-le-Noury à la station de Terre-Neuve comme chef d'état-major ; puis, avec les mêmes fonctions, dans la flottille de canonnières qu'il commanda pour opérer contre Venise (1859), et enfin (1860-1861) dans la station du Levant.

Les loisirs que je trouvai parfois pendant cette dernière navigation me permirent de poursuivre, d'une façon moins intermittente, quelques recherches de Géométrie auxquelles j'avais commencé à me livrer depuis quatre ou cinq années, dans la voie ouverte par nos illustres géomètres Poncelet et Chasles ; j'en parlerai plus loin (voir l'*Appendice*).

La fin de l'année 1861 fut marquée par un événement considérable, auquel on n'attribuait d'abord que le caractère d'un simple épisode, mais qui ne tarda guère à prendre les proportions d'une affaire propre à influencer de la façon la plus grave les destinées mêmes de la France ; je veux parler de l'expédition du Mexique. A cette occasion, je reçus le commandement de la corvette à vapeur *le Berthollet*, avec l'ordre de prendre les devants pour aller préparer, à la Havane, quelques moyens d'action nécessaires au corps expéditionnaire qui allait opérer sur le territoire mexicain. Cette mission préalable terminée, je rejoignis la flotte stationnée devant Vera-Cruz et sur la rade de Sacrificios.

Les forces françaises de terre et de mer, aussi bien que les pouvoirs diplomatiques, étaient réunies dans les mains d'un éminent amiral, à qui l'Académie ouvrit ses portes peu de temps après la campagne. Par son coup d'œil, sa décision, et aussi par ses conseils prévoyants, trop peu écoutés alors, ce marin, à la fois guerrier et diplomate, prouvait qu'il savait faire l'histoire aussi bien qu'il avait su déjà et qu'il sait encore l'écrire, soit qu'il raconte les événements de notre âge, soit qu'il fasse revivre, en nous les expliquant, ceux dont Alexandre le Grand a été le héros. Le rôle de la flotte était tout tracé ; elle devait, par la garde de Vera-Cruz et des *terras calientes*, assurer la base d'opérations de l'armée qui guerroyait dans le haut pays, et bloquer étroitement toutes les côtes mexicaines, depuis Campêche jusqu'à Matamoros. Cette mission, modeste mais nécessaire, qu'il fallut accomplir dans le golfe où sévissent avec tant de fréquence et de soudaineté ces terribles tempêtes que les Espagnols ont appelées *nortes*, et à bord de navires où la fièvre jaune des terres chaudes avait élu domicile, n'était dénuée ni de soucis, ni d'honneur. Dans de telles conditions, l'activité que le marin voudrait dépenser sur un théâtre plus brillant se trouve enchaînée par le devoir et circonscrite par les circonstances, car les éléments et l'épidémie sont les seuls ennemis qu'il ait à déjouer par sa prévoyance, ou plutôt à dompter par sa patience. Aussi le travail personnel devient-il alors pour lui un dérivatif précieux dans ces loisirs forcés, tels que ceux que me créait la monotone croisière dont j'avais le monopole presque exclusif devant la rivière de Tampico. C'est de là, après y avoir mis la dernière main, que j'adressai à l'Académie, en 1862, un Mémoire auquel elle fit l'honneur de décerner les deux tiers du grand prix de Mathématiques.

Je n'ai pas à raconter les faits qui se succédèrent dans ces parages, où mon frère devait me remplacer l'année suivante comme capitaine de l'aviso *le Brandon*. D'autres ont dit la part brillante qu'il prit à la victoire remportée près de Carmen sur les Mexicains par les troupes alliées autrichiennes et françaises. Je dois me hâter et suivre la fortune du *Berthollet*. Au mois de mai 1863, je reçus l'ordre d'aller prendre, sous les ordres supérieurs du commandant en chef de la division navale des États-Unis, la direction de la subdivision de Terre-Neuve. Les navires de guerre doivent, comme on sait, y surveiller et y protéger nos pêcheurs, dans les conditions stipulées par le traité d'Utrecht, qui deviennent plus délicates d'année en année, par suite du développement, absolument imprévu en 1713, d'une population sédentaire qui n'existait pas alors et sans doute n'aurait jamais existé sur cette terre ingrate sans la misère qui, un siècle plus tard, vint s'abattre sur l'Irlande et y provoquer de nombreuses émigrations. Une fois la saison de pêche finie (octobre 1863), le *Berthollet* effectua son retour à Rochefort et y fut désarmé.

Cette fois encore, mon séjour en France ne fut pas de longue durée. Dès le mois de mai 1864, je me rendais, comme chef d'état-major général, auprès du vice-amiral de la Grandière, gouverneur de la Cochinchine, dont la colonie se rappelle encore avec reconnaissance l'administration sage, ferme et féconde, à la fois militaire et civile. Le grade de capitaine de vaisseau fut, en 1866, la récompense des cinq années que je venais de passer au Mexique, à Terre-Neuve et à Saïgon, et, pour la première fois, je pus compter par années, et non plus par mois, la durée de mon séjour auprès de ma famille. Toutefois, des fonctions telles que celles de membre du

Conseil des travaux unies à celles de membre du Comité d'Artillerie de la Marine ne les laissaient pas s'écouler pour moi dans l'inactivité professionnelle.

Nommé, en 1869, au commandement du cuirassé de premier rang *la Savoie*, puis de la *Gauloise* qui portait le pavillon du contre-amiral Dieudonné, je pris part, en 1870 et 1871, aux campagnes de la Baltique et de la mer du Nord, sous les ordres successifs des amiraux comte Bouet-Villaumez, Penhoat et comte de Guesdon. Cette campagne, on le sait, aurait apporté une diversion très importante aux opérations de notre armée, si la marche foudroyante des événements n'était venue, dès le début, empêcher la réalisation du plan primitif, je veux dire l'envoi simultané de la flottille de canonnières à faible tirant d'eau et du corps de débarquement que l'escadre avait surtout la mission d'appuyer. J'éviterais de rappeler ce souvenir d'une sombre époque, si je n'y trouvais l'occasion de rendre un pieux hommage à la mémoire et au patriotisme, rendu impuissant par la force des choses, des deux chefs éminents dont ces douloureuses circonstances ont prématurément causé la fin.

La *Gauloise* fut désarmée peu de temps après la conclusion de la paix. L'année suivante (1872), j'allai prendre le commandement du cuirassé *la Thétis* dans l'escadre d'évolutions placée sous les ordres du vice-amiral Reynaud, que j'avais eu déjà pour chef, lorsque je commandais à Terre-Neuve.

Lorsque j'arrivai au terme de mon exercice, qui, dans la Marine, comporte généralement de deux à trois années, quelles que soient les fonctions remplies, je fus désigné pour aller, à Boyardville, diriger l'École des torpilles.

La guerre de la *Sécession*, pendant laquelle les Confédérés s'étaient brillamment servis de ce nouvel engin, sous l'énergique et savante impulsion du capitaine Maury, avait d'emblée donné à la torpille droit de cité à côté du canon et de l'éperon. On ne doit, en effet, parler que pour mémoire, et par un sentiment de justice historique, de la destruction du brick *la Dorothée*, effectuée jadis par Fulton, en présence des lords de l'Amirauté anglaise; car, soit à cause des conditions peu pratiques dans lesquelles elle s'était accomplie, soit par un sentiment de haute et jalouse prévision politique, cette expérience célèbre n'avait fait, en apparence, que des incrédules ou des indifférents systématiques.

Lorsque je pris le commandement de l'École de Boyardville, j'en trouvai l'organisation déjà établie par M. le capitaine de vaisseau Lefort qui s'était savamment initié, aux États-Unis et en France, par les leçons de Maury, à la théorie et à la pratique des torpilles. Toutefois, dans la voie tracée par cet officier distingué (devenu depuis officier général), bien des détails restaient à perfectionner, ou même à créer, en mettant à profit des découvertes récentes, faites, soit par divers physiciens dans les applications de l'électricité, soit par l'un de nos plus illustres chimistes, dans la théorie, la fabrication et l'emploi des substances explosives.

Une nomenclature des travaux qu'entreprirent, sous ma direction, les habiles collaborateurs que j'avais parmi les officiers attachés à l'École, ne serait point ici à sa place. Je parlerai cependant des progrès qu'il nous fut donné d'accomplir dans la construction et la manœuvre de la *torpille divergente*, parce que cet engin donna lieu, de ma part, à des études théoriques qui rentrent plus particulièrement dans le domaine de l'Académie des Sciences. Je dirai donc, en peu de mots, que cette torpille, introduite d'abord par le *commander* Harvey, consiste en un flotteur remorqué par le navire qu'il doit protéger à l'aide d'un cordage dont le mode d'attache lui fait prendre une position fixe, à une certaine distance dans sa hanche, de la même façon et en vertu du même principe qui fait qu'un cerf-volant, convenablement équilibré et lesté, conserve par rapport au point fixe, ou mobile, d'où part la ficelle qui le retient, une position presque invariable, sous un angle de 45 à 50° avec l'horizontale.

On conçoit qu'une telle machine, flanquant un navire dans sa marche, portant une charge de poudre disposée de façon à faire explosion lors de sa rencontre avec un autre navire, constitue un redoutable moyen de défense et d'attaque. Mais, tandis que la torpille divergente de Harvey, construite de façon à éclater aveuglément au premier choc, était aussi bien un danger pour les amis que pour les ennemis, celle que nous proposâmes de lui substituer devint offensive seulement selon la volonté de l'opérateur, grâce à l'intervention convenable et docile du courant électrique. Il restait aussi à déterminer les conditions statiques, dynamiques et tactiques de ce flotteur, et c'est ce que je fis dans un Mémoire qui, ayant obtenu l'approbation du Comité compétent, fut communiqué à tous les ports. La théorie, établie dans l'hypothèse d'une mer calme, conduit à des conditions d'équilibre assez curieuses, dont plusieurs subsistent dans tous les cas, mais dont quelques-unes sont plus ou moins troublées par les mouvements des vagues et surtout par le remous dont le flotteur s'enveloppe quand la vitesse dépasse une certaine limite. La discussion des résultats fournis par l'expérience et par le calcul conduisit à l'abandon de formes sur lesquelles on avait d'abord fondé des espérances et à l'adoption du type actuellement en service.

Parmi beaucoup d'autres sujets, notre attention dut se porter sur le meilleur choix à faire entre les piles électriques propres à assurer à distance l'inflammation des torpilles. Qu'il s'agisse des torpilles de fond (*dormantes*), des torpilles mouillées entre deux eaux (*vigilantes*), ou des torpilles remorquées (*divergentes*), la condition essentielle de ces piles est d'unir la *constance* à la *puissance*. Après bien des tâtonnements et des études comparatives, ce problème difficile a été résolu d'une façon très satisfaisante pour les besoins de la Marine.

Sans entrer dans plus de détails, j'ajouterai que nous apportâmes aussi d'utiles contributions à la solution si délicate du problème qui consiste à prévoir les effets sous-marins, contre la coque d'un navire donné, d'une torpille contenant une charge déterminée.

La situation de l'École de Boyardville se prête d'ailleurs, on ne peut mieux, aux études et aux travaux de cette nature. Site sauvage, plage étendue, peu fréquentée par les pêcheurs, avec une pente douce où les mouvements de la marée se font sentir dans les conditions les plus commodes pour la préparation des expériences et la constatation des résultats, isolement loin des centres habités et bruyants, tout concourt à faire de Boyardville une sorte de chartreuse, où l'attention n'est pas distraite de l'étude qui y rassemble les officiers et les marins, les uns pour leur instruction et leur apprentissage techniques, les autres pour la recherche des progrès que réclame le matériel des torpilles.

Nommé contre-amiral en décembre 1874, je quittai Boyardville, où M. le contre-amiral Courbet, alors capitaine de vaisseau, me remplaçait, pour venir prendre à Paris la direction de la Commission permanente des défenses sous-marines. Mais bientôt (mai 1875), le vice-amiral de la Roncière-le-Noury ayant été nommé au commandement de l'escadre d'évolutions, je fus désigné pour être son chef d'état-major, et je conservai ces fonctions sous le commandement du vice-amiral Roze, son successeur, jusqu'à la fin de l'année 1876.

C'est pendant cette période que j'exerçai, lorsque l'escadre n'était pas à

3

la mer, la présidence d'une Commission chargée de rédiger un nouveau code d'évolutions. L'art de faire mouvoir une flotte de navires de guerre à vapeur comporte des règles spéciales qui, tout en ayant une base mathématique, doivent conserver une élasticité nécessaire. On conçoit, en effet, que des prescriptions trop absolues ne pourraient convenir tout au plus qu'à des vaisseaux dont l'ordre primitif, c'est-à-dire celui qui va servir de point de départ à l'évolution projetée, offrirait une régularité *parfaite*. Or ce cas ne se présente pour ainsi dire jamais dans la pratique. Il faut donc que chaque capitaine ait une certaine latitude pour obvier à cet imprévu, en modifiant à propos, selon son initiative personnelle, les changements de direction ou de vitesse indiqués par la tactique, sans toutefois troubler l'ensemble et les caractères généraux de la figure ou faire naître des risques de collision.

Cette tactique nouvelle, encore en vigueur aujourd'hui, est celle qui, dans le cours de la campagne de 1876 à 1877, servit à régler les évolutions de l'escadre de douze et jusqu'à quatorze cuirassés, réunie sous l'habile direction du vice-amiral Jauréguiberry. J'avais alors mon pavillon de contre-amiral sur le *Magnanime*, comme commandant en second de l'escadre.

Promu, en 1879, au grade de vice-amiral, je fus aussitôt investi des fonctions de Préfet maritime et de commandant en chef du 4ᵉ arrondissement. La conservation du port de Rochefort comme port militaire était alors sérieusement mise en question par diverses personnes, moins préoccupées peut-être du côté militaire et stratégique de la question, que du point de vue économique, en ce sens qu'elles croyaient voir dans sa suppression la source *future* d'une diminution dans les dépenses du département. Dans le cours de mon administration, lorsque l'occasion s'en présenta, je m'attachai à démontrer que la France avait intérêt à conserver cette création de Louis XIV et de Colbert, et même qu'il y avait lieu de l'améliorer, ainsi que les Anglais l'ont fait pour le port de Chatham, situé, lui aussi, comme seul le port de Rochefort l'est en France, hors des atteintes des flottes ennemies, en le rendant accessible aux plus grands navires à toute heure de la marée. Un avant-projet fit ressortir à 25 ou 30 millions seulement les frais d'une si importante amélioration et devint le point de départ des études plus complètes, ordonnées par le Ministre, qui se poursuivent depuis cette époque.

Au mois de mai 1881, M. le vice-amiral Cloué, Ministre de la Marine, s'inspirant sans doute des institutions anglaises qui placent le matériel de la flotte sous la direction d'un officier général, m'invita instamment à accepter cette charge. Une telle invitation étant un ordre pour moi, je quittai Roche-fort pour venir occuper à Paris ces nouvelles fonctions.

La création et l'entretien du matériel de la Marine, — coques de navires, mâtures, objets d'armement et d'approvisionnement, machines motrices et auxiliaires, artillerie et petites armes, torpilles, bassins de carénage, cales de construction, édifices à terre, travaux hydrauliques, — est, en tout temps, une lourde tâche. Cette tâche est encore plus difficile à notre époque, où l'inévitable et rapide transformation des choses fait qu'il n'y a plus guère de règles certaines ni de traditions, où l'incessante mobilité du personnel dirigeant met obstacle à ce qu'on apporte toute la suite nécessaire dans l'exécution d'œuvres dont chacune exige souvent plusieurs années.

Au moment où je fus appelé à prendre la succession de ce vaste et épineux service, plusieurs grandes questions étaient pendantes. Sous peine de déchoir par rapport aux marines voisines, je pourrais dire rivales, il fallait doter nos bâtiments de combat d'une vitesse plus grande, d'une protection plus efficace, d'une artillerie plus puissante. Mais le nœud du problème était que ces améliorations fussent obtenues sans accroître le tonnage ni le tirant d'eau, c'est-à-dire sans nuire à la facilité et à la promptitude des évolutions, sans amoindrir la faculté de s'approcher le plus possible des côtes ennemies. Il ne fallait donc toucher ni aux dimensions principales des navires, ni au poids des machines motrices, ni même au calibre des bouches à feu, et c'est en se renfermant dans les espaces et les poids jusque-là prévus et réservés pour chaque objet, plutôt même en les restreignant, — car ils avaient atteint l'extrême limite que conseille une sage pratique, — que les progrès requis devaient être obtenus : c'est ce qui fut fait.

Quoi qu'il advienne, les projets qui, pendant ces 27 mois, ont été conçus et dressés par d'éminents artilleurs et ingénieurs, et dont l'exécution immé-diate a reçu l'approbation de trois Ministres successifs, seront un honneur pour l'administration que je dirigeais; car ils auront résolu ces difficiles problèmes, en créant des types où, grâce à l'adoption des progrès réalisés par la science de l'ingénieur dans le dessin des formes, et par l'industrie dans la construction de chaudières et de machines plus légères, grâce enfin à un nouveau tracé des bouches à feu, devenu nécessaire, et aux progrès de la métallurgie, la vitesse des navires à vapeur et celle des projectiles de tous calibres ont pu être accrues d'un cinquième, sans augmentation sensible de poids pour les anciens canons de même nom, ni de longueur pour les navires, et même pour ceux-ci avec une certaine diminution de tirant d'eau qui permettrait, au besoin, à nos plus grands cuirassés de traverser le canal de Suez, dont la profondeur semble avoir été déterminée d'avance, en vue d'un tel résultat, par l'illustre Français à l'énergie duquel le monde civilisé doit cette œuvre gigantesque.

Je risquerais de manquer à la discrétion professionnelle si j'entrais ici dans le détail technique des moyens employés pour obtenir ces importants progrès. Qu'il me suffise de dire que leur réalisation repose sur des données certaines, sur des exemples judicieusement choisis et des expériences concluantes, enfin sur des calculs irréfutables.

Il était nécessaire aussi de profiter des créations récentes faites dans l'artillerie légère à tir rapide, dans la fabrication de cuirasses plus résistantes, dans les torpilles automobiles, et, pour cela, ne point hésiter parfois à vaincre, chez certains industriels français, même par le stimulant de la concurrence étrangère, des hésitations qui n'avaient leur cause, — le succès le leur a déjà prouvé, — que dans une défiance exagérée de leur savoir et de leurs forces productives.

J'espère donc que la devise *fluctuat nec mergitur*, qui est proprement celle de la Marine, rencontrera une victorieuse application dans le succès final de travaux que j'aurai toujours la légitime fierté d'avoir contribué à mettre en train, car si les hommes passent, les œuvres demeurent, et la patrie au-dessus d'elles et par elles.

L'Académie me permettra de mentionner aussi la part que j'ai prise, comme directeur du matériel, aux deux explorations scientifiques que le *Travailleur* et le *Talisman* ont accomplies avec tant de succès, en 1882 et 1883, dans le golfe de Gascogne, le golfe de Lyon, et la mer des Sargasses. La direction générale du service hydrographique que le Ministre vient de me confier me permettra de contribuer, dans un autre ordre d'idées, au perfectionnement d'autres éléments non moins essentiels à la sécurité de la navigation (cartes, instructions nautiques, instruments de navigation). Je n'aurai pour cela qu'à y continuer les traditions léguées par mes éminents prédécesseurs, dont l'Académie a toujours aimé à admettre quelques-uns dans son sein.

Il me resterait, pour compléter ce rapide exposé, à parler ici de mes travaux mathématiques, mais je préfère y consacrer, dans la présente Notice, une annexe, où les trouveront, groupés à part, ceux des membres de l'Académie qu'ils peuvent intéresser plus particulièrement.

J'ai fini cette longue énumération. Les titres que j'invoque offrent une *variété* que l'Académie me paraît rechercher pour la Section à laquelle j'aspire. Cette variété, je la remarque en effet, soit individuellement, soit collectivement, dans les travaux des membres qui la composent. L'Académie daignera m'excuser si, pour faire la preuve de ce que j'avance, j'ose mettre ces travaux en relief dans un tableau, qu'au surplus je ne trace pas de moi-même, — un tel privilège ne m'appartient en aucune façon, — mais dont je ne fais, beaucoup plus modestement comme il convient, qu'esquisser la copie, en la réduisant aux traits principaux.

L'un, voyageur intrépide et botaniste passionné, a bravé les fatigues et les dangers d'une exploration de neuf années dans les parties de l'Algérie les moins connues, les plus difficiles d'accès et les plus périlleuses, pour compléter de vastes études sur la végétation de la plupart des contrées du bassin méditerranéen, et des collections précieuses recueillies dans l'empire russe, l'Altaï et la Chine.

L'autre, digne héritier d'un nom illustre dans la chronométrie, a perfectionné par des combinaisons qui lui sont propres, et par le fini de l'exécution personnelle, les détails de cet art indispensable aux navigateurs, aux astronomes, aux artilleurs, aux ingénieurs, aux physiciens ; coopéré à une expérience mémorable dont le principe devait conduire à prononcer définitivement entre les théories des ondulations et de l'émission ; appliqué l'électricité aux besoins les plus délicats de la balistique, de la télégraphie, du service des chemins de fer, enfin à la régulation des horloges publiques, dont plusieurs aujourd'hui donnent l'heure, en divers points de la capitale, avec une précision dont il semblait que l'Observatoire national dût, à peu près seul, conserver le monopole.

Un troisième a étendu par de nombreuses recherches et vulgarisé la science des applications de l'électricité, notamment dans un grand ouvrage qui était, à Boyardville, l'une des sources d'information où nos officiers avaient le plus souvent occasion de puiser. Aucun détail, dans ce vaste domaine de la Physique, n'est demeuré étranger à ses actives et savantes investigations.

Celui-ci débute dans la carrière militaire (1839), en écrivant l'histoire raisonnée des trois armes, dans un ouvrage qui devient le *vade-mecum* officiel des officiers d'artillerie, ses camarades, et qu'il enseignera plus tard, pendant 15 années, à l'École Polytechnique; crée, en 1848, le canon qui retentira à l'Alma; conçoit et fait exécuter, avec le concours de la Marine, les batteries flottantes cuirassées qui feront taire en 1855 les canons de Kinburn; ouvre ainsi la carrière d'où un illustre ingénieur ne tardera pas à faire sortir la frégate *la Gloire* et toute la flotte cuirassée; commande l'artillerie dans deux batailles; enfin, lorsque la loi inflexible de l'âge met un terme à son activité militaire, revient à ses études historiques, ajoutant à Montesquieu et à Bossuet des considérations nouvelles dans ce sujet des causes de la grandeur et de la décadence des Romains sur lequel ces grands penseurs semblaient n'avoir laissé rien à dire.

Cet autre, introduisant la Minéralogie et la Chimie dans la Section, apporte des travaux considérables où les minéraux sont particulièrement considérés au point de vue de leurs propriétés chimiques et de leur composition. Par lui, les roches sédimentaires ou volcaniques, les métaux, les pierres précieuses aussi bien que celles dont l'homme préhistorique faisait des instruments de travail ou de défense, ont été mis à contribution dans toutes les parties du globe, étudiés, analysés.

Voici un ingénieur qui, dans le cours d'une carrière de 50 années au service des Ponts et Chaussées, projette, construit, livre à l'exploitation, en France, en Suisse et en Espagne, 500^{km} de voies ferrées à travers des régions accidentées, d'un parcours difficile; trace des routes, des canaux, des ports de mer; devient géologue, topographe, astronome chez les Cosaques du Don; dirige les ateliers nationaux en 1848; organise des travaux publics dans la région danubienne et prend une part active à la défense de Paris. Arithméticien et géomètre, il crée des machines à calcul de diverses

natures, et des tables graphiques qui traduisent, au grand profit des dé-
ductions à en tirer, les résultats des observations et du calcul par des
représentations géométriques.

Un autre savant se présente, avec un nom connu des navigateurs et cher
à la marine. Mathématicien, il écrit sur le Calcul infinitésimal et la Mécanique rationnelle; ingénieur, publie d'importants ouvrages sur l'assainis-
sement des grandes villes; député, sénateur, homme d'État, dirige pendant
la guerre de 1870 les mouvements de nos armées et ne tarde pas à devenir
l'un des pilotes de nos destinées sur l'océan politique, où, pas plus que sur
l'autre, ne manquent les courants capricieux, les tempêtes furieuses, les
écueils inexplorés.

Que dirai-je, qui n'ait déjà été dit, de cet illustre compatriote, administra-
teur et diplomate, sous l'indomptable direction de qui les déserts sont fer-
tilisés et les continents disjoints; qui triomphe des résistances ombrageuses
de la politique, réalise, dans des proportions grandioses, l'œuvre, effacée par
les siècles, que les Pharaons, les Ptolémées et les Califes avaient à peine
ébauchée, et lance dans des voies nouvelles le commerce du monde?

Pour compléter cette galerie de célébrités et de talents, il reste à rappeler
la noble figure du doyen de la Section, digne fils du grand chirurgien militaire que Napoléon appelait « le plus honnète homme de son empire »;
comme lui médecin en chef des armées, inventeur d'instruments et de
méthodes d'opération; à qui l'on doit la dissémination des blessés dans des
hôpitaux de dimensions réduites, qui favorise si puissamment la guérison
en écartant les dangers de l'infection miasmatique; un de ces hommes qui
méritent la reconnaissance et les respects de l'humanité.

On le voit, presque tous les genres de travaux ou de services publics se
trouvent représentés dans la Section des Membres libres. Ceux de la Marine,
si on les considère dans leur ensemble, y font à peu près seul défaut. Je
suis donc excusable de constater cette lacune et d'y chercher un argument
pour ma candidature.

En l'accueillant favorablement, l'Académie ne sera certes pas dédom-
magée de la perte récente qu'elle cherche à combler dans la Section. Le

regretté M. de la Gournerie avait de nombreux mérites et des talents supérieurs, que je serais téméraire de chercher à retracer ici, après l'éloquent
panégyrique que le savant Secrétaire perpétuel des Sections de Mathématiques a consacré à sa mémoire. Je dirai seulement que, l'un comme l'autre,
nous avons donné à notre pays une longue, honorable et intègre carrière,
que la Géométrie pure nous a parfois attirés pendant nos loisirs, qu'enfin
nous sommes issus, vers la même époque, d'une origine commune, l'École
navale de Brest. Puisse cette conformité dans nos destinées respectives se
continuer jusqu'au bout !

APPENDICE.

TRAVAUX MATHÉMATIQUES.

GÉOMÉTRIE ET ANALYSE.

1856.

Mélanges de Géométrie pure, contenant une traduction du *Traité de Mac-laurin sur les courbes du troisième ordre* (1 vol. in 8°, chez Mallet-Bachelier; Paris, 1856). Plusieurs théories ou Mémoires de M. Chasles sont développés dans cet ouvrage.

1857.

Deux Mémoires sur la *Construction géométrique de la courbe générale du quatrième ordre* (*Journal de Liouville*, t. XVI).

Ce problème difficile, dont on n'avait abordé jusqu'alors que certains cas particuliers, a été traité, pour la première fois, dans ces deux publications, avec toute la généralité qu'il comporte, et résolu de quatre manières différentes, dont trois avec continuité. La méthode, entièrement nouvelle, qui sert de base à ces solutions a été étendue à d'autres courbes dans le Mémoire ci-après.

1857.

Mémoire sur la génération des courbes géométriques, présenté à l'Académie des Sciences.

Sur les conclusions d'un Rapport de MM. Poncelet et Chasles, ce Mémoire a obtenu l'honneur d'être inséré dans la collection des *Mémoires des Savants étrangers à l'Académie*.

1855 à 1859.

Dans le cours de ces quatre années, de nombreuses études sur des questions de Géométrie très variées ont été publiées dans les *Nouvelles Annales de Mathématiques*, ainsi que dans les *Journaux de Mathématiques pures* de Liouville, de Tortolini ou de Borchardt.

1859.

Mémoire sur la transformation géométrique des figures planes et sur un mode de génération de certaines courbes gauches de tous les ordres, présenté à l'Académie des Sciences.

Une brève analyse, insérée dans les *Comptes rendus* lors de l'envoi du Mémoire (voir *Comptes rendus*, t. XLIX, p. 542), faisait connaître que le mode de transformation reposait sur l'emploi des courbes du degré n douées d'un point multiple de l'ordre $n - 1$.

Cette étude, dont je publiai le résumé dans les *Nouvelles Annales de Mathématiques*, mais seulement cinq ans plus tard, quand je vis que la question commençait à occuper d'autres géomètres, me paraît avoir précédé toutes les autres recherches sur ce genre de courbes qu'on a désignées depuis, avec M. Cayley, sous le nom d'*unicursales*, recherches que plusieurs savants français ou étrangers ont, comme on sait, poussées fort loin.

1861.

Mémoire sur quelques théorèmes généraux concernant les courbes algébriques (*Journal de Liouville*).

Ce Mémoire a, pour la première fois (comme l'ont déclaré MM. G. Salmon et Halphen), introduit dans la Science l'idée et le moyen de grouper en une seule famille, à l'aide d'un *indice* numérique, une infinité de courbes du même degré n satisfaisant toutes à autant de conditions, moins une, qu'il en faut pour déterminer une courbe de ce degré. Cet indice exprime combien il y a de courbes de la *série* ou du *système* qui passent par un point quelconque du plan qui les contient, et sert à exprimer très simplement d'autres propriétés communes à toutes les courbes ainsi définies et groupées.

Cette question a eu du retentissement et provoqué d'importantes recherches de la part des plus illustres géomètres. M. G. Salmon l'a résumée dans la dernière édition de son célèbre *Traité des Coniques* (où il qualifie mon Mémoire de 1861 de *valuable Mémoire*) et, plus récemment, au § 411 de son Traité classique *On higher curves* (2e édition, Dublin, 1873, p. 360). Mais c'est surtout M. Halphen qui en a dit, un peu plus tard, le dernier mot, ou du moins le plus avancé, dans un beau Mémoire inséré au XLVe Cahier du *Journal de l'École Polytechnique*, et dans deux articles, insérés aux *Proceedings of the London mathematical Society*, vol. IX et X.

Les conclusions formulées avec autorité par ces savants auteurs sur les origines de la question ont été admises sans contradiction par les géomètres et ont dissipé quelques malentendus dont le sujet avait été entouré au début.

J'avais moi-même présenté antérieurement quelques explications, dans deux Mémoires portant la date de 1866, l'un, sous le titre de :

1866.

Recherches nouvelles sur les séries ou systèmes de courbes et de surfaces algébriques (in-4°, chez Gauthier-Villars);

L'autre, sous celui de :

Des contacts multiples des courbes C′ d'un système quelconque (contenant un nombre quelconque de paramètres arbitraires) *avec une courbe fixe C″*, publié dans le *Journal de Mathématiques pures* de Borchardt.

Ce dernier Mémoire eut l'honneur d'attirer très particulièrement l'attention de M. Cayley, qui voulut bien m'écrire à ce sujet et s'occuper à son tour de la question, comme M. Salmon l'énonce en me citant, § 420, p. 370 et 371, de l'Ouvrage précité sur les courbes supérieures.

1863.

Antérieurement à ces deux Mémoires (dont j'ai été conduit à parler ci-dessus, afin de ne pas rompre l'ordre naturel des idées), j'avais adressé à

(28)

l'Académie, pour concourir au grand prix de Mathématiques de l'année 1863, un Mémoire fort étendu sur la *Théorie générale des courbes du quatrième degré*, qui me valut l'honneur d'obtenir les deux tiers du prix proposé.

De l'année 1866 à l'année 1878, les devoirs du commandement, qui se sont succédé sans interruption, m'ont tenu à l'écart des recherches mathématiques pures, et c'est seulement à partir de cette dernière date que j'ai pu profiter de quelques loisirs pour les reprendre.

1878.

Mémoire sur la décomposition d'un nombre donné en sommes quadratiques de la forme $x^2 + ty^2$, etc. (*Nouvelles Annales de Mathématiques*, 2ᵉ série, t. XVII, p. 241 et suivantes).

La première Communication sur ce sujet a été faite à l'Académie des Sciences (voir les *Comptes rendus*, séance du 9 septembre 1878).

1878.

Note sur la solution en nombres entiers de l'équation indéterminée $x^3 + a = y^2$. (*Nouvelles Annales*, 1878, p. 374 et 514.)

1883.

Enfin j'ai adressé récemment à l'Académie, au sujet des fractions continues périodiques, une série de communications contenant des résultats nouveaux sur cette théorie, qu'on pouvait croire épuisée.

www.ingramcontent.com/pod-product-compliance
Lightning Source LLC
LaVergne TN
LVHW012110030726
842523LV00002B/833